国家科学数据资源
发展报告 2018

国家科技基础条件平台中心　著

·北京·

图书在版编目（CIP）数据

国家科学数据资源发展报告.2018 / 国家科技基础条件平台中心著. —北京：科学技术文献出版社，2019.6
　ISBN 978-7-5189-5493-3

　Ⅰ.①国… Ⅱ.①国… Ⅲ.①科学技术—数据管理—研究报告—中国—2018 Ⅳ.① G203

中国版本图书馆 CIP 数据核字（2019）第 081211 号

国家科学数据资源发展报告2018

策划编辑：周国臻　　责任编辑：杨瑞萍　　责任校对：张吲哚　　责任出版：张志平

出 版 者	科学技术文献出版社
地　　址	北京市复兴路15号　邮编 100038
编 务 部	（010）58882938，58882087（传真）
发 行 部	（010）58882868，58882870（传真）
邮 购 部	（010）58882873
官方网址	www.stdp.com.cn
发 行 者	科学技术文献出版社发行　全国各地新华书店经销
印 刷 者	北京虎彩文化传播有限公司
版　　次	2019年6月第1版　2019年6月第1次印刷
开　　本	710×1000　1/16
字　　数	46千
印　　张	4.75
书　　号	ISBN 978-7-5189-5493-3
定　　价	32.00元

版权所有　违法必究

购买本社图书，凡字迹不清、缺页、倒页、脱页者，本社发行部负责调换

《国家科学数据资源发展报告 2018》撰 写 组

组　长　苏　靖

副组长　王瑞丹　李加洪

主　笔　石　蕾　高孟绪　黎建辉　张丽丽

成　员（按姓氏笔画排列）

　　　　　王　祎　王　晋　王　超　卢　凡　邢兆锋
　　　　　汤高飞　许东惠　李　竹　李俊瑶　汪海燕
　　　　　张　鹏　张姝婷　陈志辉　范冶成　岳　琦
　　　　　周琼琼　胡永健　徐　波　徐振国　高鲁鹏
　　　　　程　苹　温亮明　詹妍妮　赫运涛　樊振佳

前　言

当前，我们对科学数据的认识正在发生深刻变化，科学数据已经成为解决复杂科学问题的关键要素，以及驱动科学发现与决策支持的新型基础设施。通过广泛链接、集成与分析不同的数据和信息，能对大到宇宙、小到分子等不同尺度问题的复杂性产生更加深入、全面的理解，为解决挑战全人类的复杂性问题提供了重要手段。

开放科学数据成为大势所趋，大规模数据协作网络建设日趋活跃，开放数据在资源积累、平台建设、技术研发、工具应用、培训教育及国际交流等多个方面展开。数据政策体系日渐丰满，数据共享从思维变革迈向深入实践，数据管理计划（DMP）促使数据管理与共享具有更多的预见性与计划性。面向开放共享的数据服务更为关注数据的价值（高质量）、数据存储库的服务（可信性）及数据共享模式的有效性（可持续）。繁荣的数据科学教育和培训也为提升更广泛的群体的数据素养和能力贡献着力量。

中国已经发展成为国际上推动科学数据资源建设与发展的重要参与者。我国科学数据资源规模持续增长，据不完全统计，截至2017年年底，我国有效管理与保存的科学数据资源总量达到83.72 PB、数据记录达到159.98亿条，这些数据主要分布在生命科学与医学、地球与环境科学、物理与化学、遥感对地观测、天文与空间科学、农业与林业科学及其他领域，数据资源总量较去年同期增长约 20.66 PB，增长率达到 32.76%。我国科学数据资源服务水平稳步提升，数据服务的社会影响力增强，主导或参与国际数据网络建设日趋活跃。

本报告旨在紧跟科学数据资源管理与开放共享的国际前沿发展趋势，识别主要国家、地区和国际组织的年度观点与实践动态，总结当前我国科学数据资源建设基础和发展现状。在延续《国家科学数据资源发展报告（2017）》整体框架的基础上，进一步分析和归纳我国当前科学数据资源建设发展、开放共享与服务的特征和趋势，提出推动我国科学数据管理与开放共享持续发展的对策建议。

本报告分为 4 章，第一章"科学数据资源发展概述"，概括了国内外科学数据资源的新特征及发展态势。科学数据资源表现出一些新的特征：多学科数据融合与集成成为解决复杂科学问题的关键、数据成为驱动科学发现的一种重要科研基础设施。在科学数据资源发展态势方面，"复用数据"FAIR 原则为开放数据提供了更加具体的行动指南、相关数据管理计划也从理论走向实践、数据存储库的可信性得到重视、数据服务的可持续性日趋突出、数据科学教育和培训繁荣开展。

第二章"我国科学数据资源发展现状"，从科学数据资源总量与年度增量、科学数据管理相关政策体系、数据管理标准规范、数据基础设施与开放存储库等维度展示我国科学数据资源发展现状，并对我国科学数据管理过程中的数据质量问题进行分析。

第三章"我国科学数据共享服务情况",重点阐述科学数据类国家科技资源共享服务平台、特定行业领域、大科学装置等不同类型数据资源年度开放共享进展,并通过案例调研诠释了科学数据在支持科学研究、辅助国家战略决策、服务社会民生需求等方面的实践情况,同时指出数据服务在计量评价体系方面的瓶颈。

第四章"我国科学数据资源发展展望",结合我国科学数据开放共享年度现状,对比国内外科学数据资源发展态势,从推动数据政策向纵深发展、持续提高数据质量、夯实数据基础设施、加强数据素养的教育和培训4个方面提出我国科学数据资源持续发展的建议。

目 录

第一章 科学数据资源发展概述 …………………………………… 1
  一、科学数据资源的新特征 ………………………………… 1
  二、科学数据资源发展新态势 ……………………………… 3

第二章 我国科学数据资源发展现状 …………………………… 8
  一、科学数据资源总量稳步增长，来源更为广泛 ………… 8
  二、各层级数据管理政策不断完善，体系性更强 ………… 12
  三、数据管理标准规范更为全面，覆盖数据全生命
      周期 ………………………………………………………… 13
  四、数据存储库向多元化发展，数据基础设施向云服务
      迈进 ………………………………………………………… 16
  五、获取高质量数据资源，仍需要持续努力 ……………… 24

第三章 我国科学数据共享服务情况 …………………………… 26
  一、数据资源开放共享，分行业领域齐头并进 …………… 26
  二、盘活数据资源，保障科学研究全生命周期运行 ……… 31
  三、深耕数据资源价值挖掘，辅助国家战略决策贯彻
      执行 ………………………………………………………… 35
  四、创新数据资源应用，广泛服务社会民生需求 ………… 40

五、科学数据服务评价仍显粗放，精细化计量评价体系
　　有待完善 ··· 43

第四章 我国科学数据资源发展展望 ································ 45
一、推动科学数据政策向纵深发展，奠定可持续发展的
　　基础 ··· 45
二、持续提高科学数据质量，形成一批具有国际影响力的
　　数据库 ··· 46
三、夯实科学数据基础设施，形成透明的数据服务
　　网络 ··· 46
四、加强科学数据素养的教育培训，营造数据共享文化
　　氛围 ··· 47

附录一　缩略语 ·· 48
附录二　领域科学数据管理与服务案例集 ························· 51
附录三　资料性附录 ··· 61
后　　记 ·· 65

第一章 科学数据资源发展概述

一、科学数据资源的新特征

1. 科学数据资源是解决复杂科学问题的要素

当前,人类正在进行着一场前所未有的数字化革命,以物联网、移动互联网、云计算、大数据、人工智能和区块链等为代表的新技术正在彻底改变我们获取、存储、传播和使用数据、信息及知识的手段与能力。人类关注的所有领域几乎都受到这种世界性普遍进程的影响,包括科学发现和技术创新。进入21世纪后的现代科学发展也面临着对解决本质上复杂问题的一系列挑战,这些问题的解决均无法从任何单一方面进行分析和预测,只能通过分析它们所在的整个复杂系统才能充分理解。所幸的是,广泛而多样的数据为表征和理解许多复杂性难题提供了手段,日益丰富的科学数据资源已成为解决复杂科学问题的关键要素及驱动力。

实现这一目标的关键在于链接、集成和分析来自不同学科的数据和信息,从而能对小到分子、大到宇宙等不同尺度问题的复杂性产生更深入、全面的理解。但是,由于不同学科描述、存储和访问数据时遵循不同标准,且因数据集之间难以建立严格互操作的词汇库和本体等原因,多学科数据的交叉应用面临着一系列问题。

为此,国际科学联合会(ICSU)及其所属的科技数据委员会(CODATA)发起了多学科数据集成计划,旨在通过联合其下属各专业领域的资源和力量,探索形成多学科数据集成的通用方法、标准规范、技术体系及最佳实践等。2017年6月和11月,CODATA分别在巴黎国际科学联合会总部和伦敦英国皇家科学院组织了多学科交叉的国际学术研讨会,领导和推动这一问题的解决。

此外,在地球科学领域,"数据立方"(Data Cube)和"地球立方"(Earth Cube)等全新的数据集成和综合应用方法也在国际上兴起。其通过建立统一的时空基准,实现对大规模地理空间数据,尤其是遥感数据的剖分和动态融合,并提供按需计算分析服务,为复杂地球系统科学的研究提供了新的手段。

我国在不同的领域也在进行着类似的实践和探索。例如,国家基础科学共享服务平台、国家地球系统科学数据共享服务平台等国家科技资源共享服务平台,已经开始按照统一的标准规范初步实现了对物理、化学、天文、空间、生物、地球系统等多学科领域的科学数据资源的整合与集成服务。

2. 数据资源被视为一种科技基础设施的观念逐步得到认可

随着科学数据资源在科技创新中的作用日益增大,将数据资源作为现代科技基础设施中必不可少的部分,甚至视作一种科技基础设施(Data as Infrastructure)的观念得到国际科技界越来越多的认可。美国科学院于2017年11月组织了专门的研讨会,探讨数据和知识作为基础设施的重要性和必要性。数据不仅仅是科研活动的产出之一,也是科研活动的先决条件之一。共享数据资源,通过对数据进行探索性分析,形成新的科学假设,乃至得到新的科学发现,已经被证明是大数据时代可行的方法。将数据资源作为一种科技基础设施的类型,使得我们可以从新的视角来审视数据资产与数据共享。

该基础设施应建立在数据开放共享的基石上,使得数据能在全球范围内按需流动,突破地域、学科等先天约束,得到更为广泛地交叉融合与重复利用。在此过程中,合理的边界是形成公正有序的共享环境的关键,它既能保护又能制衡数据拥有者和数据使用者的利益,确保数据拥有者对于所有权益的掌控及数据使用者对于数据再利用权利的保有。

在国家层面,合理保护数据主权是必要的。所谓数据主权是一种国家保有的,对本国管辖领域范围内任何个人和组织所搜集产生的数据存储、传输、处理、运用、运营的权利,以及可以对相关设施、设备进行独立管辖,并采取措施使其免受他国的侵犯。国家需在合理保护数据主权的基础上,采取成熟、客观、富于远见的数据管理措施,使之通过合理有序地流动来驱动科技创新,造福更广泛的社会公众。

二、科学数据资源发展新态势

1. "复用数据" FAIR 原则得到广泛认可并开始实施

为解决数据开放共性中面临的一系列技术性问题,数据科学家、领域科学家、学术出版商、工业界等利益相关者的代表们在荷兰莱顿的一次研讨会上,形成了科研数据在开放共享过程中需满足"可发现(Findable)、可访问(Accessible)、可互操作(Interoperable）和可重用（Reusable）"的基本原则，简称"FAIR原则"（中文可叫"复用原则"）。该原则明确了开放数据的根本目的不仅是能被"人"下载和理解，而且是要实现数据能被"机器"自动发现、理解和使用。这一原则很快在欧洲范围内得到广泛地认可，并成为欧洲开放科学云（EOSC）的核心组织部分。2017年年底，欧盟连续发表2份重要报告：《推动欧洲开放科学云的实践》（Promoting an EOSC in Practice）、《让FAIR成为现实》（Turning FAIR into Reality），进一步阐明了FAIR化数据的具体建议和实现路径等。

FAIR原则是一个间接的、不依赖特定对象范围的、高等级的数据管理原则，其管理对象既包括元数据，也包括各类常规数据，甚至延伸至对信息或资源共享活动的规范。为更好地落实FAIR原则，元数据编辑工具MDE、数据FAIR化自检工具等相关的软件被陆续研发出来，以实现本地数据的FAIR化计量。

同时，欧盟支持了一系列科研项目推动FAIR原则落地实施，包括FAIRDOM、FAIRsharing.org、欧洲elixir等。在综合实践方面，由欧洲开放科学云EOSC专家组（HLEG）发起GO FAIR倡议，提出4项任务：为搭建和运行GO FAIR原则实施网络提供帮助、保障科学数据和服务与FAIR原则相兼容、倡导并支持对FAIR原则的选择、从全球视角关注EOSC的早期发展。目前，GO FAIR已进入实施阶段，代谢物组学（Metabolomics）、C2CAMP、OPEDAS 3个网络已经初具规模，化学、罕见疾病、生物多样性、培训及个人健康5个学科网络正准备启动建设。欧盟各成员国是GO FAIR运动的积极实践者，德国和荷兰还建立了专门的办公室来组织GO FAIR计划的落地实施。

2. 面向数据管理计划的软件工具日益成熟并推广应用

"数据管理计划"（DMP）是科研人员根据要求制定，实现对科研项目实施过程中获取和产生的科学数据进行存储、管理、发布、共享的计划。随着越来越多的科研项目资助机构明确提出数据管理和开放共享的需求，设计、开发数据管理计划工具软件，以帮助科研人员创建符合要求的数据管理计划成为现实所需。由美国加州数字图书馆联合多家科研机构研制的典型数据管理计划工具软件 DMPTool 面向科研人员与组织机构，形成了以 DMP 模板、DMP 案例与 DMP 指南为基础的服务体系，并可通过 API 访问相关组织机构的数据资料，能帮助科研人员快速创建符合资助单位要求的 DMP，实现数据资源的管理。DMPTool 开发目的是促进数据管理、分享与长期保存，培育并繁荣用户及开发者社区，增加 DMP 模版并整合各级服务资源，提供数据全生命周期的管理服务。截至 2017 年年底，DMPTool 已经在 216 家组织机构中应用，包括科研资助单位、科学数据组织、科学研究机构、高校、医学企业和医疗机构等。随着面向数据管理计划的工具软件日益成熟和推广应用，越来越多的科研人员和科研单位开始制定规范的数据管理计划，将数据管理无缝嵌入科研过程中，实现高效规范的数据管理，及时保存了一批来源清晰、质量可靠的数据资源。

3. 存储库的可信性和可持续性成为数据管理与服务的关键

数据存储库（Data Repository）已经成为对数据进行相对集中存储、管理并提供稳定服务的共性平台，一般都有相对固定的专业化团队或机构来负责研发、运行和提供服务。当开放共享成为科学数据管理的大势所趋，科研人员"自给自足"式的数据管理及服务已经难以满足现代科研范式需求，使用第三方专业服务使长期有效的数据管理成为可能，而可信性成为衡量数据共享服务质量的重要标准之一。为了满足数据存储库的建设和发展要求，国际科学联合会（ICSU）下属世界数据系统（WDS）推出了数据可信印章（DSA）认证标准（基本框架见附表1），通过对存储库背景信息、组织架构、电子对象管理与技术等方面共计16项简要标准的衡量，提供初步的可信数据库评价标准。据调研统计，目前已有4种存储库标准化国际认证服务，世界范围内共有142个存储库通过相应认证。

在可信基础上提供持续性数据服务也是最大化发挥数据价值的保证。数据服务可持续性体现在诸多方面，如技术的用户友好性、管理的战略性和有效性、政策的前瞻性和现实性、运营模式的长期性和可持续性等。其中，尤以运营模式的长期性和可持续性为重点。为此，经济合作与发展组织（OECD）于2017年12月发布研究报告《长期可持续的科研存储库的商业模式》，通过调查国际上18个国家48个多领域数据存储库的95条收入来源信息，总结出包括结构性资金、机构支持、按年合约、数据存储费、使用收费、合约服务和项目资金及其他多元收入结构八大主要收入来源，并详细分析各类收入来源的优劣势。报告还探讨了数据长期保存的可持续性运营模式，同时对数据存储库建设的政策制定者、资金资助者及运行管理人员提出五大建议（详见附表2）。

4. 数据科学教育与培训日益繁荣

科学数据的管理、共享与应用，不仅需要系统培养一批数据科学的专业人才，也需要不断提高科研人员的数据素养。据数据科学社区（DSC）的统计数据显示，截至 2017 年年底，全球已有 28 个国家或地区的近 350 余所高校开设了 597 个数据科学相关专业，涵盖统计、计算机、工程、商业、卫生、经济、艺术、图书情报等不同学科门类，体现出数据科学强大的学科渗透力和广泛应用场景。按照开设高校占比情况排序，美国（77.2%）是数据科学教育领域的主战场。在数据科学人才培养的学位类型上，学历教育占据主流，硕士研究生类型的专业设置最多，占比 70.2%。另外，16.6%为课程认证式的非学历教育。目前，专业学历教育的主要内容已达成基本共识，培训内容主要包括数据科学基本工具及面向学科应用场景的数据管理能力与技能，科学数据素养教育包括科学数据意识素养、分析素养和监护素养等核心内容。非学历教育的提供主体更加多元化，如高校图书馆，企业（如微软、EMC），在线教育平台（如 Coursera），大学（如哈佛大学），国际组织（如 CODATA、RDA）等均是数据素养教育培训的主力军。

从 2017 年开始，我国所有入选"双一流"建设支持计划的高校都将数据科学、数据管理、数据分析等相关课程列入培养体系，并且有不少院校明确设置了数据科学相关学科专业。整体而言，国内数据科学学历教育已迈入新的发展阶段，北京大学、清华大学、南开大学等高校都在探索多元化的数据科学教育机制。在非学历教育方面，大规模在线开放课程（MOOC）成为数据科学教育的主阵地之一，爱课程网、北大慕课、好大学在线、华文慕课、网易公开课、网易云课堂、学堂在线、中国大学 MOOC 等平台，面向不同知识背景的学习者提供了通识课、初级课、中级课 3 个层次的课程，课程内容包括数据科学基础理论、数据科学家职业前景、数据库选择与使用、数据统计分析和数据可视化等。

第二章　我国科学数据资源发展现状

一、科学数据资源总量稳步增长，来源更为广泛

随着我国科研工作持续推进和科技创新能力快速提升，各领域、各行业通过观察观测、考察调查、检验检测等途径持续积累了大量科学数据资源，数据资源总量稳步增长。根据对国内主要高等院校、科研院所，以及国家科技资源共享服务平台等机构科学数据资源的汇总统计，截至2017年年底，我国有效管理与保存的科学数据资源总量共计约83.72 PB，各领域数据资源具体分布情况如图2.1所示。其中，生命科学与医学领域积累26.81 PB，涵盖生物多样性与生物资源、分子生物学、医学、脑科学等学科；地球与环境科学积累24.48 PB，涵盖固体地球、海洋、极地、气象、生态、环境监测与保护、遥感等学科；物理与化学领域积累16.64 PB，涵盖高能物理、原子核物理、等离子物理、无机化学、有机化学、物理化学、高分子化学等学科；遥感对地观测领域积累9.73 PB，数据基本来源于卫星观测；天文与空间科学领域积累5.27 PB，涵盖空间物理、空间天文、行星科学、空间地球等学科；农业与林业科学领域积累0.76 PB，数据来源于生态要素监测、农业科研项目、森林资源调查、林业生态观测、林业生态建设工程等；其他领域数据合计约0.03 PB，主要分布在信息科学领域（25.51TB）、能源科学领域（100万条）、材料科学领域

(1836万条)、计量科学领域（3.5万条）。

与2016年的统计结果（63.06 PB）相比，2017年我国科学数据资源整体增量为20.66 PB，整体增长率达到32.76%。主要增长内容包括新识别出的数据资源及现有数据的自然增长量两部分，尤以天文与空间科学和物理与化学领域的数据资源量增长较为明显。地球与环境科学、生命科学与医学、农业与林业科学等领域数据均有一定程度的增长。各学科领域的年度数据资源量对比情况如图2.2所示（遥感对地观测数据2016年未作统计，故图2.2中未体现该学科领域数据）。

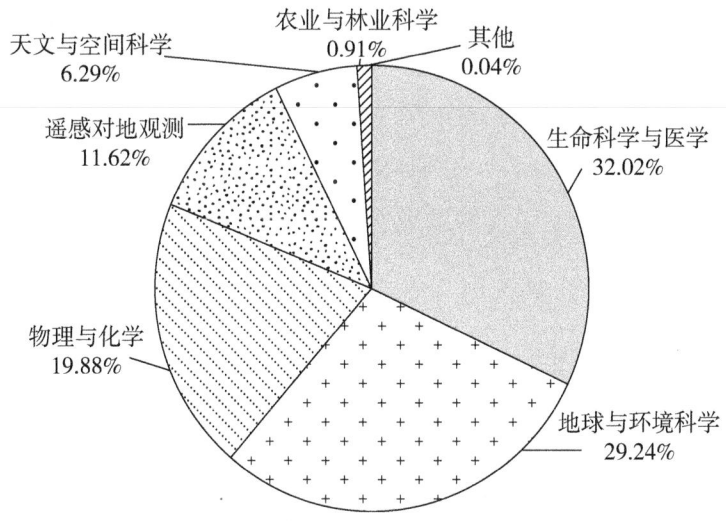

图 2.1 已积累科学数据资源领域分布情况

在遥感对地观测方面，2017年新增数据识别量9.73 PB。数据主要来源于卫星观测，包括9个国内卫星数据分中心的遥感对地观测数据等。

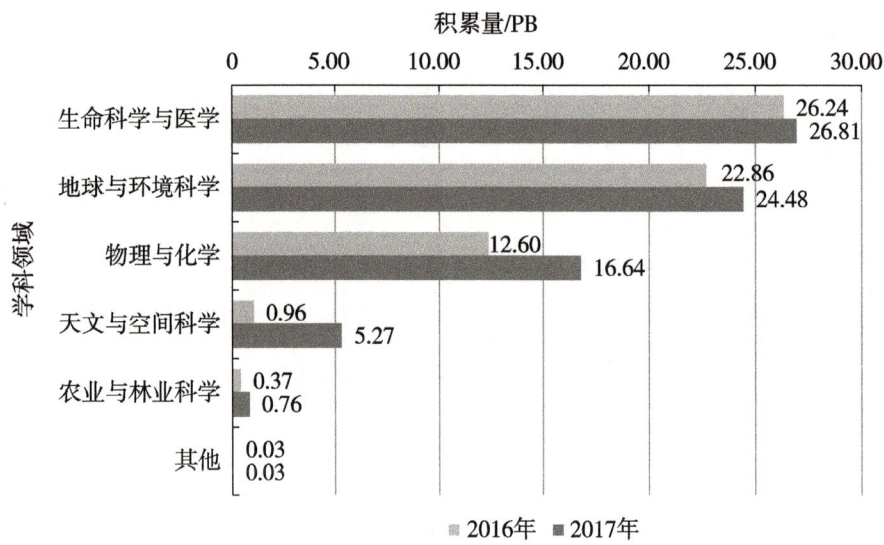

图 2.2　2016 年与 2017 年各学科领域数据资源总量对比情况

天文与空间科学领域年度数据增长约 4.31 PB。其中，天文学方面约增长 3.3 PB，主要来源为国内各种大型望远镜（如 LAMOST、丽江 2.4 米光学望远镜、南极 CSTAR 望远镜、天马 65 米射电望远镜、德令哈 13.7 米毫米波射电天文望远镜等）产生的观测数据，以及深空探测任务（如嫦娥工程、暗物质空间卫星等）产生的探测数据。空间科学方面数据增量 1 PB 左右，主要来源于子午工程、国际子午圈、空间环境卫星、空间科学卫星、载人航天一期工程、天宫一号、天宫二号、空间站等大科学装置和大科学工程产生的空间对地观测、空间科学探测、空间科学实验等方面数据。

在物理与化学领域，新增数据资源量约 4.04 PB，增长率 32.06%。新增长的数据主要集中在高能物理、原子核物理、原子分子物理、等离子物理等学科。北京正负电子对撞机（BEPCII）、大亚湾中微子实验等多个重大科技基础设施源源不断地产出了大量数据，是数据增量的主要来源。

在地球与环境科学领域，新增数据资源量约1.62 PB，增长率7.09%。其中，首次统计的极地数据达到0.5 PB，内容涉及南极考察、北冰洋考察和黄河站考察等数据；固体地球分领域数据增长约0.6 PB，内容涉及地震、地磁、重力、地质、岩石/矿物、地热、火山、地球化学等数据；海洋分领域数据增长约0.5 PB，主要包括航次、潜标、台站、近海观测研究网络、遥感卫星等产生的观测和调查数据；气象分领域数据增长约0.04 PB，主要包括观测数据、再分析数据、模拟和预测数据；生态分领域数据增长约0.03 PB，主要包括定点观测、定位监测、科学考察和调查等数据。

在生命科学与医学领域，新增数据资源量约0.57 PB，增长率2.17%。其中，生物多样性与生物资源分领域数据增长0.2 PB，内容涉及动物、植物、微生物和病毒等数据；分子生物学分领域数据增长0.3 PB，包括基因组、转录组、蛋白质组、代谢组等各类组学数据；医学分领域数据增长0.07 PB，包括临床医学、人口与生殖健康、药学、基础医学、中医药学、公共卫生等调查数据。

在农业与林业科学领域，新增数据资源量约0.39 PB，增长率105.41%。新增长的数据主要集中在农业科学领域，数据资源增长约0.38 PB，主要为农业生态要素观测和监测数据、遥感解译与衍生数据，以及各种农业科研项目产生的研究数据。

此外，其他领域的数据资源年度增长包括材料数据新增1800万条、计量数据新增35 000条等。

二、各层级数据管理政策不断完善，体系性更强

健全的数据管理政策是支持数据管理活动顺利进行的有效保证，当科学数据的战略意义愈发明显后，各利益相关方陆续出台多项政策，从不同层面丰富着我国的数据管理政策体系。从政策制定主体来看，形成了以各级行政主管部门、机构和国家科技资源共享服务平台等为主导的科学数据管理政策体系。数据管理政策呈现结网式扩张、纵深式细化的特点，为开放数据更好地落地实践提供了强有力支撑。

目前，北京、江苏、浙江、贵州等地出台了促进大数据产业发展相关行动纲要或计划，北京、上海、浙江、山东、河北、安徽、江西等省市出台了本地区政务信息资源管理相关办法。其中，大数据产业相关政策为科学数据发展勾画了发展蓝图，为制定科学数据管理政策提供了参考借鉴；政务数据中蕴含着巨大的政治、社会、经济和技术价值，可以看作多种社会科学数据的综合体，这些数据的有效管理和共享对于繁荣人文社会科学具有重要意义。中国气象局、国家海洋局、交通运输部、国家航天局、国防科工局和国家海洋信息中心等分别发布了《气象信息服务管理办法》《关于规范海洋生态环境监测数据管理工作的意见》等办法和意见，既有针对特定行业领域科学数据的约束规范，又有对各类科技计划或项目而制定的针对专门类型数据的意见要求。其中，行业领域政策侧重于更加宏观的数据整体管理，计划项目政策侧重更加具体的单项数据管理。

科技部负责全国科学数据的宏观管理与综合协调，组织研究

制定国家科学数据管理政策,以及推进国家科技资源共享服务平台的建设。国家科技资源共享服务平台作为促进科学数据开放共享的重要载体,已在资源环境、农业林业、人口健康、基础前沿等多个学科领域建设了科学数据资源共享服务平台。近年来,依托优势学科单位承建的国家科技资源共享服务平台积极跟进国家重大战略部署,探索领域科学数据的科学化和规范化管理,持续发布和更新了一批科学数据管理制度规范,如国家生态系统观测研究共享服务平台发布了《国家生态系统观测研究网络数据管理与共享条例》,国家地震科学数据共享服务平台发布了《地震科学数据 数据发布规范》《地震科学数据 数据分类与编码》《地震科学数据 数据交换格式》等系列数据共享标准规范。这些管理制度从学科领域角度对数据资源的长效管理与开放共享提供操作指南。

三、数据管理标准规范更为全面,覆盖数据全生命周期

科学数据管理是一项复杂庞大的系统工程,只有按照规范的流程来管理部署,才能确保数据的准确性、完整性、安全性和可用性。根据文献调研情况,目前关于数据管理标准规范主要涉及数据存储安全、处理技术、标识描述、公开发布、参考引用等方面,几乎涵盖从数据产生到收集再到利用的全生命周期,具有普遍的适用价值。

①数据存储安全标准规范。2016年4月,全国信息安全标准化技术委员会成立"大数据安全标准特别工作组",专门研制数据安全相关标准,现已发布《大数据安全标准化白皮书》《信息

安全技术　个人信息安全规范》（GB/T 35273—2017）和《信息安全技术　大数据服务安全能力要求》（GB/T 35274—2017）等国家标准；2016年4月，"大数据安全能力成熟度评估模型"国家标准研究项目获批立项；2017年4月，"数据安全能力成熟度模型"国家标准研究项目和"大数据安全过程能力评估模型"国际标准研究项目获批立项；2017年10月，在第29届第一联合技术委员会（JTC1）会议上，我国代表提交了"大数据安全与隐私实现指南"国际标准。数据存储安全标准规范的立项公布，为了解数据安全现状、规范数据安全行为和评价数据安全能力等提供了标准依据。

②数据处理技术标准规范。2016年4月，《非结构化数据管理系统技术要求》（GB/T 32630—2016）国家标准公布，该标准从存储管理、特征抽取、索引管理、查询处理、访问接口、转换加载、分析挖掘、可视展示等方面规定了非结构化数据管理系统的功能性要求和质量要求；2017年12月发布的《信息技术　大数据　技术参考模型》（GB/T 35589—2017）国家标准描述了一种探讨大数据内在要求、设计结构和运行的通用型高层概念模型，该参考框架围绕信息价值链和信息技术价值链2个维度展开，支持在概念模型语境下对大数据构件、处理过程及系统的理解。数据处理技术标准规范的发布，为政府部门、相关机构和其他用户理解、讨论、分类和比较各类型大数据解决方案提供了技术要求与参考，有助于对大数据互操性、可移植性、可重用性和可扩展性的实现。

③数据标识描述标准规范。2016年8月发布的《科技资源标识》（GB/T 32843—2016）国家标准规定了科技资源标识的对象

和产生途径、标识符的结构与编写规则及其应用管理，以及科技资源的编目、注册、发布、查询、维护和管理等统一标识；2017年11月，《信息技术 数据溯源描述模型》（GB/T 34945—2017）国家标准公布，该标准确定了数据溯源的主要元素、各元素关联关系、语法规则及模型结构图等；2017年12月，《信息技术 大数据 术语》（GB/T 35295—2017）国家标准公布，该标准对信息技术大数据领域常用术语和定义做出明确规范；2017年12月，《信息与文献 期刊描述型元数据元素集》（GB/T 35430—2017）国家标准公布，该标准规定了各类期刊、期刊论文、析出图表、参考文献、个人作者、科研项目等描述对象间的关系。这些标准规范从统一标识、资源描述、术语称谓等方面对数据的标识和描述过程做了具体要求，为我国科技资源标识体系建设奠定了基础。

④数据公开发布标准规范。中国科学院微生物研究所微生物资源与大数据中心联合世界微生物数据中心（WDCM）与国际标准化组织生物技术委员会（ISO/TC 276）合作，于2017年7月完成《微生物资源中心数据管理和数据发布标准（草案）》，预计将在2年内正式发布国际标准，这是微生物资源数据领域的第一个ISO国际标准；2017年11月，《陆地观测卫星遥感数据分发与用户服务要求》（GB/T 34514—2017）国家标准发布，该标准规定了陆地观测卫星遥感数据的分发要求、服务要求、服务流程和用户管理要求等技术支持与技术服务方面的内容；2017年12月，《实景地图数据产品》（GB/T 35628—2017）国家标准发布，该标准从数据分层、实景影像、地图要素、兴趣点、精度指标、数据关联、元数据、质量检查、产品包装等方面规定了地图数据产品的发布要素。数据公开发布标准规范的发布，将有助于保证各类

数据资源或数据产品质量,并提高全球范围内数据资源的兼容性和互操作性。

⑤数据参考引用标准规范。2015年12月,《信息技术 维吾尔文、哈萨克文、柯尔克孜文特定功能符与引用功能符》(GB/T 32412—2015)国家标准发布,该标准规定了信息处理过程中维哈柯文字符的连接、方向、嵌入、覆盖等流程控制所需要的9种引用功能符用法,有助于少数民族语言文字的传播。2017年12月,《信息技术 科学数据引用》(GB/T 35294—2017)国家标准正式发布,该标准规定了科学数据引用的元素描述方法、引用元素详细说明和引用格式等方面的内容,其发布标志着科学数据同学术论文一样可以被规范化引用,将在一定程度上促进科学数据开放共享。

四、数据存储库向多元化发展,数据基础设施向云服务迈进

1. 数据存储库快速发展,多种类型并存

存储库是为数字对象集合提供服务的联网系统,是对科学数据进行管理与服务的主要平台。据OpenDOAR网站统计,全球开放存储库已达3805个,内容主题涉及28个学科。我国的数据存储库建设也逐年完善,并在一些领域逐步积累并形成特色数据资源产品,目前,我国大陆地区已注册41个,在全球国家/地区排名第25位。可信数据库认证标准(CoreTrustSeal)将存储库的主要类型分为领域/学科存储库(其中尤以健康、经济、历史、科学技术等领域较为活跃),机构/国家/政府存储库(如OpenAIRE、Dataverse),通用存储库(如Figshare、Dryad),出版存储库,图书馆/博物馆/档案馆,科研项目存储库等。根据我国

数据存储库建设情况并结合 CoreTrustSeal 认证标准，可以将我国的科学数据存储库大体分为科研项目存储库、领域存储库、机构存储库和通用存储库 4 种类型。

（1）科研项目存储库

存储内容多为大型科研项目的成果产出，主要特征是数据量庞大、领域交叉繁杂、依托大型科研与工程项目建设、具有充裕的专项经费、较为清晰且高效的数据管理制度等。同时，科研项目存储库也包括持续性科学研究中精练、深入的特色主题数据的积累。

中微子实验数据库（http://www.hep.nsdc.cn/dayabay/）于 2013 年正式发布，通过整合并开放中微子实验数据，支持了中微子物理、宇宙起源、粒子物理等研究工作。作为国际上中微子实验领域最前沿的课题，目前已汇聚 65 000 余条数据，体量逾 8 TB。这些数据对宇宙起源、粒子物理大统一理论、未来中微子物理等的研究与发展均有重要意义。

郭守敬望远镜 LAMOST 于 2017 年年底发布第五次释放数据——LAMOST DR5。其中包含 4154 个观测天区的 900 多万条高质量光谱，光谱数量是世界上其他巡天项目已发布光谱数总和的 1.8 倍，已成为世界上最大的光谱数据库。目前，LAMOST 数据管理与发布系统用户在线检索次数已超百万，数据下载量逾 45 TB，支持发表研究论文 300 余篇，SCI 引用超过 2600 次，构建了迄今最大的恒星光谱样本库，发现了一批有重要研究价值的特殊天体等（详见附录二）。

> **国家自然资源和地理空间基础信息库**(http://www.geodata.gov.cn/web/geo/index.html) 是国家空间信息基础设施建设的核心工程、国家电子政务规划建设的 4 个基础信息库之一。下设土地和矿产资源、水利资源、资源环境科学、海洋和海洋卫星、测绘等 10 余个数据分中心，积累国家自然资源和地理空间信息库建设成果总计数量达到 705.6 TB。
>
> **RiceVarMap 水稻变异图谱数据库**(http://ricevarmap.ncpgr.cn/) 是专门存储水稻基因组变异及其功能注释的综合型数据库，支持表型数据和全基因组关联分析（GWAS）结果的可视化。目前，RiceVarMap v2.0 收集了 3 组共 4726 份完整的水稻种质测序数据，通过测序数据已得到 17 397 026 个基因组变异数据。

（2）领域存储库

面向特定学科领域，具有较强的专业性和高度的集中性，也称学科存储库、学科知识库、学科仓储等，因此更易获得领域用户青睐，同时又具有建设/维护成本规模相对较低等特征。

> **中国空间科学数据中心**(http://www.cssdc.ac.cn/) 以自主获取的空间科学数据资源为重点，以国外空间科学数据资源为重要补充，按照日/地/空间物理和行星科学 2 个主要学科方向进行数据资源整合，形成空间科学主题数据库。目前，数据中心拥有千余类数据资源，涉及空间物理、空间天文、行星科学、空间地球科学四大学科，内容涵盖行星际、中高层大气、宇宙线、电离层、太阳活动、近地空间等典型

天、地基空间环境要素，数据资源总量达到PB级，为我国空间物理基础研究、应用研究和技术研究提供了数据基础（详见附录二）。

中国植物主题数据库（http://www.plant.csdb.cn/）以Species 2000中国节点和中国植物志名录为基础，整合植物彩色照片、植物志文献记录、化石植物名录与标本及药用植物等。主要数据资源包括植物名称数据155 290条，植物图片数据18 338种、1 009 386张，文献数据3 652 312条，药用植物数据11 987种、22 562条，化石名录数据1093条，化石标本数据662份等。

国家气象科学数据共享服务平台，累计注册用户23万人，年访问量超过1.2亿人次，年均数据订单量近百万，累积为国内超过2000所高校和科研机构提供数据服务。支持国家重点科研项目超过1400项，用户应用气象数据发表论文、论著及发布国家标准和行业标准1200余篇（项）。形成了服务数据全生命周期并具有学科领域特色的数据资源建设服务实践（详见附录二）。

中国生态系统评估与生态安全数据库（http://www.ecosystem.csdb.cn/）整合了我国生态系统评估、格局等方面的数据资源和研究成果，包含的子数据库有中国生态系统评估数据库、中国陆地生态系统数据库、中国生态功能区划数据库、典型区域综合生态数据库、中国国家保护地数据库等，发布了《中国陆地生态系统分类标准（意见征求稿)》和《中国生态功能区划标准（意见征求稿)》，实现了生态数据的逐步共享和研究成果的实践应用。

全国地质资料馆（http：//www.ngac.cn/）收藏了自19世纪以来形成的各类成果地质资料14.6万档，单套电子数据量199 TB。馆藏地质资料覆盖我国及周边国家（地区）、极地地区，涵盖了区域地质调查、海洋地质调查、矿产勘查、水工环勘查、物化遥勘查、地质科学研究、技术方法研究和信息技术等十余种重要基础地学数据库及全国矿产资源潜力评价资料等。

中国人心理状况数据库（http：//cnphd.bmicc.cn/cps/index.php）历时4年建设完成。样本范围涉及我国4个省市、70个调查现场、不同地区、性别、职业、民族的7~80岁的约4.1万样本人群，调查指标累计70多项，调查结果提供中文、英文2种语言版本。目前，数据库共包括3个子库，分别为学生精神症状自评量表数据库、成人精神症状自评量表数据库和学校社会行为量表数据库。基于数据样本，数据库提供在线基本分析、综合分析和聚类分析3种心理指标数据分析服务。

（3）机构存储库

多为组织机构统一建设的数据汇集平台，主要吸收机构内部相关人员的学术科研成果，因此又被称为机构知识库、机构库、机构仓储等。这类存储库具有成本低廉、易于维护等特点，已成为推动数据开放共享的重要力量。

> **北京大学开放研究数据平台**(http://opendata.pku.edu.cn/dataverse/pku)于2015年12月上线测试版，为研究者提供研究数据管理、发布和存储服务，为数据用户提供研究数据浏览、检索和下载等服务，以及数据支持功能，包括数据在线浏览与统计分析、在线格式转换与子集拆分、可视化展示等功能。用户实名注册后，可以下载开放数据，或站内申请使用受限数据。截至2017年年底，平台共收录28个数据库、140个数据集、483个数据文件，包括北京大学中国调查数据资料库、北京大学健康老龄与发展研究中心、北京大学可视化与可视分析研究组等跨学科开放数据。
>
> **复旦大学社会科学数据平台**(https://dvn.fudan.edu.cn/home/)，核心数据服务包括编制数据需求报告、发布数据资源、搭建数据共享平台、开发数据库系统、采购数据资源等。截至2017年年底，平台共收录145个数据库、635个数据集、2436个数据文件，涵盖了社会科学、地球与环境科学、计算机与信息科学、经济学与管理学、艺术学与人文学、药学健康与生命科学、工程学、数学等学科。

（4）通用存储库

通用存储库与科研项目存储库、领域存储库、机构存储库等面向特定群体的数据存储库有所不同，是面向全领域的开放型数据库，真正体现了开放共享理念。目前，我国通用存储库多为依托政策与资金资助机构持续投入建设的公益性或企业盈利性平台，通用存储库建设方面的工作才刚起步。

> **在线通用存储库 ScienceDB**（http://www.sciencedb.cn）于2015年上线运行，面向科研期刊，重大项目（国家项目、部委项目、973项目或863项目等），科研团队等用户群体，支持在线发布共享多存储格式的科学数据，使数据具备可发现性、可重用性和可引用性。截至2017年年底，ScienceDB已存储生物学、地球科学、空间天文、化学工程、材料科学、信息科学、社会科学等领域的数据集107个，电子文件近700份，平台浏览量超过27万人次，数据下载38 000余次。

2. 数据基础设施开放整合，向云服务迈进

数据基础设施是指用于保护、处理、流转、保存和服务于数据及其应用的全部资源、技术与框架，包括硬件、软件、服务，以及支持数据基础设施运行的人员、流程、政策和相关环境等。由高速数据传输网络、大规模数据存储设施、高性能与高通量计算能力和各类数据管理与分析软件为核心构成的数据基础设施，是规模日益增长、复杂度不断增加的科学数据得以有效管理与应用的基石。

在高速网络方面，除了充分依托中国联通、中国电信和中国移动等运营商网络外，我国现有的两大面向科学数据传输的专用网络——中国科技网（CSTNET）和中国教育与科研网（CERNET），均实现了与国际科研教育网络GÉANT和Internet2等的高速互联，提供高速的国际数据交换服务。特别是诞生于中国科学院并专门服务于重大科技基础设施、重大科学工程产生科学数据传输与交换的CSTNET，拥有多条支持IPv4/IPv6双栈的国内与国际链路，分别通往欧洲、北美和日韩等地，支持了包括粒子物理、

空间与天文、生命科学等领域国际数据交换与合作。

在数据存储方面，中国科学院初步建成了具有超过 50 PB 容量，由分布在全国 13 个存储节点组成的大型分布式数据存储系统，专门为科学数据存储、归档保存和异地容灾备份服务。目前已为 500 多个科研团队和项目提供数据存储服务，每天可实现 20 TB 高速归档或数据恢复，而且可以实现重要数据异地备份和容灾服务，可支持容灾数据量达到 1.5 PB。此外，其他一些重要科技基础设施和科研机构也建立了一定量的数据存储环境，但这些存储设施之间尚未实现互联互通和资源共享。

实现不同地域、不同领域数据基础设施之间的互相访问和操作，实现资源的有效聚合和集成服务，为使用者提供透明的、泛在的服务，逐步成为国内外的共识。中国科学院在"十三五"信息化建设中，正式启动中国科技云工程实施工作，旨在通过开放的技术架构，实现网络、计算和存储等分布式基础设施，以及数据和软件工具等资源的无缝集成与透明服务，面向科研人员及科研全过程，提供数据汇聚、管理、共享、分析云服务，支撑数据驱动的多学科交叉应用，并为科学发现提供基于人工智能的新方法及新服务。中国科技云将通过持续开放汇聚我国科技信息化基础设施及资源，形成面向多学科领域创新的云服务环境，支撑大数据与大计算双轮驱动的科学发现。

此外，企业云服务也成为支持科研活动的重要组成部分。例如，阿里云从 2014 年起开始在全球布局，目前已建成覆盖亚太、北美、中东和欧洲等地区的 11 个地域节点和 44 个可用区的云服务环境。2017 年 1 月，中国科学院国家天文台与阿里云合作成立"天文大数据联合研究中心"，共同推进虚拟天文台建设。

五、获取高质量数据资源，仍需要持续努力

在大数据时代，数据质量的重要性已经比肩数据资源本身，数据质量将直接影响科技发展整体水平的提高和独创性成果的产出，以及国际交流与合作的主动权。尽管我国已经产生并积累了大量的科学数据资源，但目前在学科领域具有影响力且能产生重大科学发现的数据却并不多见，原因之一便是数据质量普遍不高，难以从其中分析挖掘出重要的研究成果。数据质量问题主要表现为：①数据失真，数据生产和传播过程中由于标准不一或技术障碍而引起数据错误、数据被断章取义或片面引用，进而误报误载、以讹传讹，导致数据不可信；②数据造假，研究者故意采用必然产生误导性结果的实验方案，或者伪造、篡改和歪曲实验数据，虚假呈现和运用研究数据进而得到理想的研究结果；③数据超载，为了增加数据研究壁垒，数据所有者在共享的数据集中掺杂大量无用数据或只对数据做简单堆积而不做任何解释说明。

优质数据资源的产生从来都不是一蹴而就的，需要不断试错与持续积累。2017年诺贝尔物理学奖获得者之一约瑟夫·泰勒（Joseph Taylor）自1974年起即率领团队持续不断监测天体变化，直到2015年采用优化后的传感器才终于在2016年获得了有价值的引力波数据；CODATA基本物理常数工作组自2000年至今，持之以恒18年有余，定期更新基本物理常数国际标准，以服务科学研究，满足社会广泛需求；始于2000年的斯隆数字巡天项目，到2017年年末已实现第14批次大规模数据开放共享。因此，数据生产者、使用者、管理者等科学共同体需要坚守科研初心、恪守

学术道德、提升数据素养,在科学数据的生产、存储、处理、共享、使用等环节遵循相关标准规范,持续积累高质量的科学数据,最大化发挥数据的"资产"价值。

第三章 我国科学数据共享服务情况

一、数据资源开放共享，分行业领域齐头并进

1. 国家科技资源共享服务平台数据服务持续发展

国家科技资源共享服务平台属于基础支撑与条件保障类国家科技创新基地，面向科技创新、经济社会发展和创新社会治理等需求，加强优质科技资源有效集成，提升科技资源使用效率，为科学研究、技术进步和社会发展提供网络化、社会化的科技资源共享服务。目前，国家科技资源共享服务平台重点面向地球系统、人口与健康、林业科学、农业科学、地震学、气象科学、基础科学及海洋科学等不同门类自然科学数据资源持续开展大规模科学数据服务。

2017年，国家平台的科学数据服务规模稳步扩展，主要体现在注册用户、数据访问量、数据下载量、服务用户量（如人次/机构数/项目数）等定量指标的持续积累方面。国家科技资源共享服务平台主要科学数据资源开放共享服务情况如表3.1所示。

第三章 我国科学数据共享服务情况

表 3.1 国家科技资源共享服务平台主要科学数据资源开放共享服务情况

序号	平台名称	牵头单位	数据资源开放共享服务情况
1	国家地球系统科学数据共享服务平台	中国科学院地理科学与资源研究所	实名注册用户逾10万人，数据下载次数总计约7万次；近3年累计向用户提供数据总量约640 TB，支撑服务各类科研项目3600余项
2	国家人口与健康科学数据共享服务平台	中国医学科学院	累计服务用户单位25 597个，服务用户800余万人次
3	国家基础科学数据共享服务平台	中国科学院计算机网络信息中心	服务门户实名注册用户19万人，累计访问量达2243万人次，页面访问量累计达4.3亿人次，数据下载总量达439 TB
4	国家农业科学数据共享服务平台	中国农业科学院农业信息研究所	拥有注册用户2.6万人，累计登录155万次，已发展成为全国农业领域涉及学科最广、数据量最大、辐射能力最强的数据中心
5	国家林业科学数据共享服务平台	中国林业科学研究院	2017年间新增注册用户1931人，网页访问量达329万人次，用户下载数据40余万条，在线/离线向用户提供数据超过2 TB，累计为460多项科技项目提供数据服务

续表

序号	平台名称	牵头单位	数据资源开放共享服务情况
6	国家气象科学数据共享服务平台	国家气象信息中心	累计注册用户23万人,涉及29个社会主要行业,年访问量超1.2亿人次,年均数据订单量近百万,累计为2000余所高校和科研机构提供数据服务
7	国家地震科学数据共享服务平台	中国地震台网中心	访问量超过1000万人次,为多项重大科技项目和大型建设工程提供数据支撑服务
8	国家海洋科学数据共享服务平台	国家海洋信息中心	月访问量约2万人次,注册用户数达1000多人,数据总下载260余万次

2. 特定行业领域科学数据共享服务能力进一步提升

在科学数据资源服务规模总体不断攀升的基础上,不同行业领域的数据共享服务能力也在逐步提升。根据对国内主要学科领域科学数据资源的统计,目前我国各领域科学数据库集成门户运维主体近400个,涵盖生命科学与医学(如基因组领域、微生物领域)、物理与化学(如高能物理领域),天文与空间科学,遥感对地观测,地球与环境科学(如生态系统领域),农业与林业科学等多领域。行业领域数据资源的共享服务能力建设主要通过特色数据资源积累、高黏性用户群规模扩张与满足多元用户需求等方式实现。

基因组领域，整合发布涵盖生物项目数据、生物样本数据等九大数据资源体系、40个数据库，其中用户提交测序数据量超过600 TB。截至2017年年底，访问用户来自116个不同国家/地区，超过5.8万人，数据下载量超过120 TB。

微生物领域，收集整合了覆盖微生物研究全生命周期的科学数据，数据总量超过300 TB，数据记录数超过40亿条。数据资源的国际用户超过500人，国内注册用户单位超过100个。截至2017年年底，累计独立IP访问量约263万人次，累计页面访问数约3亿人次，累计下载量约52 TB。

高能物理领域，收集整合了依托单位主导建设和正在运行的BEPCII和北京谱仪（BESIII）、大亚湾中微子实验等累计产生的16 PB数据，数据存量占国内高能物理数据总量的95%以上。主要服务用户单位包括85家国内研究机构和56家国际研究机构。

空间科学领域，收集整合了涉及空间物理、空间天文、行星科学、空间地球科学4大学科的数据资源。开放服务平台形成PB级数据量，提供服务的科学数据种类覆盖度达90%以上，数据体量占全国体量的70%以上。

天文科学领域，收集整理国产天文数据量约4 PB，在全国范围内资源占比超80%。2016年以来，中心网站累计访问量为300万人次，页面访问量达6000万人次，年均数据服务量1.1 PB。

对地观测领域，收集存档近10 PB的观测数据，完成与9个国内卫星数据分中心业务的互联互通，实现数据资源的标准化整合、统一服务和增值产品开发，汇交形成300 TB样例数据库、2 PB实体数据一站式虚拟下载能力。截至2017年年底，注册用户共计36 743人，聚合访问量超过232万人次，在线/离线共享数据总量超过580 TB。

生态系统领域，收集积累联网长期定位观测数据2000余万条，时间跨度30年，数据量超过7 GB，是全国唯一的生态系统长期观测数据库；实名注册用户4000余人，来自国内外300多家机构，2017年新增用户1049人。2015年以来，网站访问量累计达460万人次，数据服务量约200 GB。

材料腐蚀领域，收集整合了五大类600余种材料，最长达35年的野外试验数据和连续观测数据，总数据量超过1800万条，在全国同类数据资源中占比超过80%。目前，年访问量50万人次以上。依托中心的材料腐蚀研究基础和大量数据积累，为800余家单位提供多方面的科技服务。

3. 区域热点数据资源服务特色凸显

区域热点数据资源建设与共享服务也凸显特色与成效。例如，极地数据中心收集整合了极地海洋学、极地大气科学等10多个领域，数据资源总量达500 TB，绝大部分数据具有明确知识产权。目前，网站注册用户达到3163人，访问量1000余万人次（详见附录二）。青藏高原数据资源以青藏高原的各类科学研究产出数据为主，包括大气、冰冻圈、水文等领域的共1100多个数据集，关系数据超过14亿行，数据总量30 TB，全国范围内资源占比超过80%，平台注册用户2.4万人，服务单位达1430家。2016年以来，青藏高原数据中心独立IP访问人次超过40万人次，网页访问量超过2000万人次,在线下载数据量达21 TB,为数据用户提供离线数据共享服务超1.1万次(详见附录二)。

4. 大科学装置引领的数据服务效果初显

随着越来越多的大科学装置的部署和重大科学实验的开展,随之产生的EB甚至ZB量级科学数据也将科学研究推进到前所未有的大数据时代。2017年5月,FAST射电望远镜数据中心正式落户贵州,预计未来10年该中心的数据存储量将达到100 PB,将带动天文及大数据相关产业的快速发展。2017年6月,硬X射线调制望远镜卫星"慧眼"发射成功,并多次参加国际空间和地面联测,获得了银道面扫描巡天、黑洞、中子星、太阳耀发等大量观测数据;2017年8月,"慧眼"在双中子星并合引力波事件发生时成功监测引力波源所在天区,对其伽马射线电磁对应体在高能区的辐射性质给出严格限制,为全面理解该引力波事件的物理机制做出了中国贡献。依此可见,由大科学装置及重大科学实验产生的大量科学数据不但能推动科研和相关产业发展,也为国家宏观决策和重大战略的顺利实施提供了数据支撑与科学依据,科学数据已成为国家重大决策的新型战略资源。

二、盘活数据资源,保障科学研究全生命周期运行

1. 精制科学数据产品,为科学研究提供基础环境保障

空间科学数据中心的空间环境保障支持,为暗物质粒子探测卫星科学应用系统和HXMT地面应用系统提供了精确的南大西洋异常区轮廓数据,支持改进卫星经过南大西洋异常区(SAA)的运控策略。以2017年9月4—10日太阳风暴"中元节事件"为

例，持续爆发4个X级和27个M级太阳耀斑并伴随日冕物质抛射，引发地球磁层、电离层和高层大气强烈扰动。中国科学院国家空间科学中心为各卫星提供了及时的空间环境安全保障数据产品服务，发布空间环境警报短信23次、空间环境事件要闻6次，以及多次空间环境通报和其他数据产品服务，为卫星及时采取载荷关机、降高压等规避措施提供了决策依据，保障了卫星与载荷安全。

天文科学数据中心，为国内2米级以上望远镜提供天文数据全生命周期管理服务。协助丽江2.4米望远镜与兴隆2.16米望远镜自2016年起开始进行望远镜观测时间的联合申请，实现了观测课题、观测仪器和观测季节等方面的优势互补。平台协助太阳射电望远镜对长达21年的历史数据进行整理抢救，共整理出3.66 TB，涵盖时间为5744天。并为大量用户获取高质量的天文数据，以丽江2.4米望远镜为例，该望远镜观测发现了遥远宇宙中迄今为止光度（即发光本领）最大的类星体，研究成果发表在Nature杂志，同时获该刊新闻报道并邀请国际同行在同期杂志的新闻与评述（News & Views）频道专门撰写题为"年轻宇宙里的巨兽"（A giant in the young universe）的文章进行介绍。

2. 夯实科学研究的数据资源基础，推动新实验研究开展

2017年8月17日，美国激光干涉引力波天文台（LIGO）和欧洲室女座引力波天文台（VIRGO）首次发现双中子星并合引力波事件。我国"慧眼"硬X射线调制望远镜成功参与了此次国际联合观测，并取得了重要成果。高能物理数据中心向"慧眼"科学组提供了数据、数据分析软件和计算服务。"慧眼"观测数据全面支持了"慧眼"成功监测到引力波源所在的天区。"慧眼"

科学研究团队不仅以合作组形式加入了报告此次历史性发现的论文，而且在论文的正文部分报告了观测结果。同时，"慧眼"望远镜的详细分析结果以独立论文形式于2017年10月16日同步发表在《中国科学：物理学 力学 天文学》。

钠冷示范快堆是第四代核反应堆的主要堆型之一，也是新时代、新形势下中国核工业发展的标志性工程。核物理主题数据库为钠冷示范快堆所属研究课题中的"伪裂变产物的评价"，提供了常用核衰变数据库的半衰期和衰变分支比数据，筛选出约150种常用裂变产物核。基于上述筛选出的裂变产物，完成了伪裂变产物的评价，并制作成了AMPX格式中子—光子耦合库，有效支持了钠冷示范快堆设计和分析研究。

3. 数据资源凝练技术方法与知识推演，丰富科学研究成果

国家生态系统观测研究共享服务平台整合了中国典型生态系统要素变化的长期观测数据、生态学专项观测计划产生的数据，以及科研论文产生的数据等。据不完全统计，截至2017年，全网络资源总量达TB级，其中联网长期监测数据库数据条数突破2000万条，时间跨度超过30年，是全国唯一的生态系统长期观测数据资源。这些数据资源为研究生态系统过程机制，揭示生态系统结构与功能的空间格局规律及开展区域/全国生态系统变化的监测评估与生态综合研究等提供科学支撑。利用CNERN数据资源，取得了一系列对我国生态系统变化特征的新认知。先后组织出版《中国生态系统定位观测与研究数据集》丛书，共4卷51册。2017年与《中国科学数据（中英文网络版）》合作，推出

《中国生态系统研究网络专刊》，浏览量已累计5万余人次。

国家林业科学数据共享服务平台为林业领域的4位院士及其团队提供基于相关领域数据资源的知识增值服务。主要面向森林培育和生物学学科交叉领域、森林地理学、森林群落学、森林生态天然资源化学利用、森林资源监测、森林资源管理和生物统计等方向，综合利用平台自有数据、国内外相关政府及学术机构网站、购买的全文数据库、NSTL资源及专业核心期刊等，形成适于主动推送的知识服务。截至2017年年底，已完成为4位院士每周一期的信息推送，共计超620条相关知识服务。

4. 科学数据集发表与引用量逐年增长，提升科学研究价值

近年来，科学数据资源的发表与引用量持续增加，不断支持多学科研究活动的开展。如自2012年起，汤森路透（现为科睿唯安）通过Web of Science平台提供数据引文索引（DCI）数据库服务，以便于科研人员追踪科学数据、被引情况及其与研究文献之间的关联关系。经检索发现，DCI数据库目前收录的最早来自中国的数据集始于1989年。如图3.1所示，来自中国的数据集发表数量从2010年以后逐步增加，到2017年年底，DCI数据库收录的中国数据集数量已达13.86万个。

在机构所属类型方面，中国数据集的出版者多集中于高校或科研机构，其中以北京大学、中山大学和中国科学院等为代表；世界同类排名中机构类型更加多元化，高校（如阿尔伯塔大学、斯坦福大学），科研院所（如布洛德研究所、NIH），政府部门（如美国地质勘探局），企业（如罗赛特制药公司），基金会（如

TELETHON基金会)等机构均涵盖其中。

在主题分布方面,数据集数量最大的三大主题全部来源于生命科学(基因遗传、植物科学和分子生物学)领域,这与生命科学(如生物信息学)良好的数据生成能力和积极的共享氛围高度相关。其他发表数据集较多的主题领域还包括大气科学,环境与生态,计算机科学,地球科学,海洋科学,人文社会科学,其他(农林、材料、医学健康)及交叉科学等。

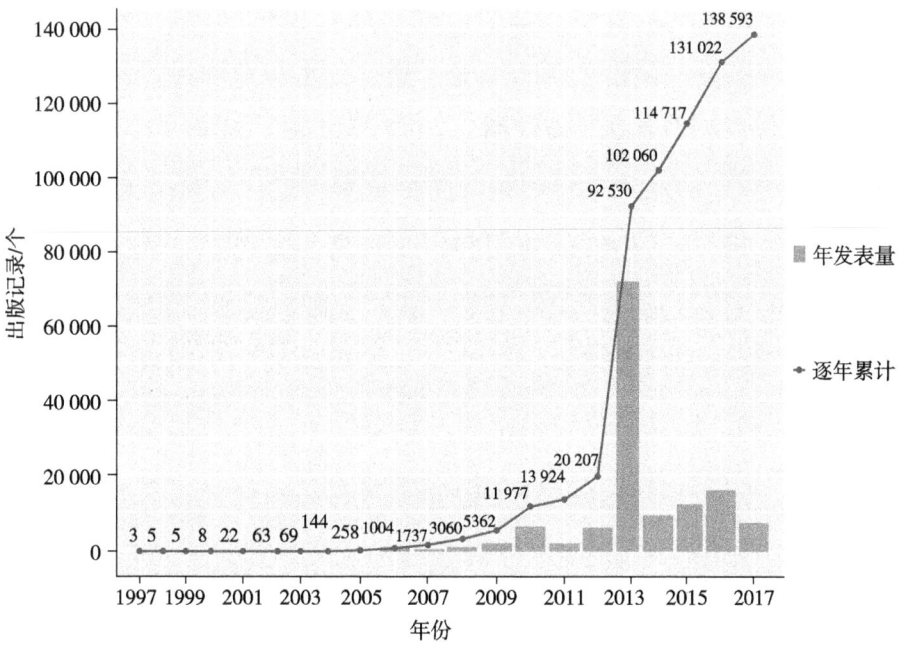

图3.1 DCI数据库收录的数据集(中国)逐年(1997—2017年)发表量

三、深耕数据资源价值挖掘,辅助国家战略决策贯彻执行

应用实践是发挥科学数据的科学价值、经济价值、社会价值的试金石。近年来,开放共享的科学数据深度参与"一带一路""生态文明建设""区域协同发展""精准扶贫"等,在贯彻执行

国家战略决策中充分发挥了支撑作用。

1. 多领域数据助力"一带一路"沿线国家发展

材料腐蚀、药用、气象、地球等多领域科学数据,为"一带一路"沿线国家行业发展提供了多方面支持。

①材料腐蚀数据支持材料性能研究。2016年,我国与泰国联合建立国家材料环境腐蚀平台——中泰材料腐蚀试验站网,并率先在泰国曼谷、达叻府等地区建成4个大气环境腐蚀试验站和2个土壤环境腐蚀试验站。目前已经陆续在包括泰国、马来西亚、新加坡、吉达、斯里兰卡、印度、荷兰、北非及南极等国家或地区建立海外材料腐蚀试验网络。2017年以来,围绕"一带一路"沿线东南亚地区海洋工程用钢及防护技术需求,为鞍山钢铁集团、南京钢铁公司等大型钢铁集团和中车青岛四方机车车辆公司等提供海外材料投试及数据积累服务,获取基础数据50余万条。通过在海外开展腐蚀试验研究,获取了一批重要的环境因素和腐蚀数据,为我国高速铁路出口东南亚、马尔代夫"中马友谊大桥"建设、海洋工程装备建设和汽车出口等业务直接提供了材料环境适应性数据支撑。

②药用数据辅助药用资源库建设。为推进"一带一路"药用资源开发与利用工作,在"中药资源普查专题"的基础上,中药数据资源中心成立"一带一路"药用资源开发与利用基地工作组。目前,已对老挝、缅甸、波兰、俄罗斯、巴西和坦桑尼亚6个国家开展境外资源调查研究,还对"一带一路"沿线国家代表性外来中药及其知识产权进行了专题性研究,并取得了阶段性成果。开发的"一带一路"药用植物资源种类数据库,弥补了我国掌握国外药用资源本底不足的缺陷。针对老挝缺少国家药典这一

问题，通过资源调查研究编写了《老挝药典》，服务老挝药用资源管理；采集的千余种标本，丰富了我国标本馆中的国外标本实物信息。

③气象数据提供实时气象服务。国家气象科学数据共享服务平台的"一带一路"气象专题服务，主要提供"一带一路"沿线国家主要城市的实时天气状况、气候背景和灾害信息服务，为沿线国家和地区的防灾减灾、交通运输和旅游等提供专业的气象服务。与此同时，平台对"一带一路"沿线65个国家或地区的各类气象资料收集的时效性和稳定性进行分析评估，确保该区域气象资料的时效性和完整性；通过专线及互联网，为蒙古、尼泊尔、巴基斯坦、朝鲜等36个世界气象组织（WMO）会员国或会员地区的118个用户提供数据分发和共享服务，日分发数据量超过500 GB。

④地球大数据服务"一带一路"可持续发展。2016年5月，由中国科学家倡议发起、53个国家和国际组织参加的大型国际研究计划——"数字丝路"国际科学计划（DBAR）正式启动，旨在通过分享数据、经验、技术和知识，实现地球大数据在"一带一路"可持续发展目标中的科学服务。DBAR计划建立了地球大数据、农业和粮食安全、海岸带、环境变化、世界遗产、自然灾害、水资源7个工作组，城市环境、高山和极地寒区2个任务组。DBAR通过建设地球大数据平台，发展"一带一路"空间信息应用系统与科学模式，为"一带一路"建设提供科学、开放、合作的信息决策支持，成为支撑和解决区域及全球发展问题的一个创新实践，得到丝绸之路沿线国家和国际组织的广泛认可与支持。

2. 大气观测数据增值服务推动空气环境治理

我国是温室气体排放大国，温室气体减排任务艰巨。中国气象局等单位根据已积累的大气观测数据，先后完成《中国温室气体公报》《全国大气颗粒物监测日报》等决策服务材料和专题报告18份。其中，《中国温室气体公报》部分观测数据已在《IPCC评估报告》《WMO温室气体公报》《中国应对气候变化国家评估报告》等报告中使用；《全国大气颗粒物监测日报》每日向国家发展和改革委员会、环境保护部等17个部委报送；《酸雨年报》报送18个省份的政府部门。此外，依托以上服务材料和专题报告，还编制完成了《大气本底站观测场室技术规范》《大气成分观测业务技术手册》《全国环境气象观测站网建设方案》等技术材料。大气观测数据在空气环境治理广泛应用，通过一系列报告和技术方案成果产出，切实推动了我国空气环境治理工作的巩固落实。

3. 地震监测数据支持雄安新区规划建设

为把雄安新区建设成具有国际标准和世界先进水平的韧性城市、地震安全城市，雄安新区地震地质勘查及地震安全服务工作在2017年5月启动。深地震测深数据分中心在20多天时间完成220多千米探测剖面，并给出初步解释成果。同时收集整理地震剖面纸质班报、点位成果，并数字化，整理数据量达47 G。相关工作成果将有力支持雄安新区总体规划。

4. 气象数据助推京津冀气象环境协同发展

生态环境建设是京津冀协同发展的重要方面，国家气象科学数据共享服务平台围绕京津冀地区公众气象服务、环境治理、国家重大活动保障开展相关工作，不断加强对该区域的气象服务保障力度。平台已为该区域 690 项重点科研项目和 400 余篇论文发表提供气象数据服务。同时，平台保障国家重大活动进行，2022年冬奥会气象数值预报业务即将开展；针对第十三届全国运动会，对天津奥体中心场馆周边的降水时空变化特征进行了统计分析，利用监测数据构建模型并进行天气精准预测。目前，气象平台着力推动京津冀地区气象与环境、农业等行业相互融合，带来直接或间接经济效益超过 1.3 亿元，为冬奥会筹备、第十三届全国运动会等重大活动顺利开展，提供了气象保障和服务支撑。

5. 地球系统数据支持京张文化体育旅游产业带规划

国家地球系统科学数据共享服务平台支持张家口市"京张文化体育旅游产业带规划"项目研究需要，提供北京市、河北省的 2005 年、2010 年、2015 年多期土地覆被数据、DEM 数据、降雨数据、行政区划、乡镇边界数据、居民点、交通等基础地理数据产品。在该数据支持下，项目设计形成了绿色基础设施建设技术方案、生态环境综合治理技术体系等规划成果，并在张家口市京张文化体育旅游产带建设中得到实际应用。自该项目设计的规划实施以来，增加旅游就业 10 万余人，实现旅游综合收入 352.36 亿元，对张家口市旅游产业发展产生了显著的经济、社会和生态效益。项目组负责人及张家口市旅游发展委员会发函表扬该数据服务工作。

6. 农业数据助推贵州地区"精准扶贫"

根据贵州省委、省政府"关于扶持生产和就业推进精准扶贫""贵州绿色农产品'涌泉'行动"的决策部署，国家农业科学数据共享服务平台提供数据服务，助力贵州省农业资源信息管理平台建设，助其摸清农业资源底数、掌握产业发展现状、构建农业"天空地"一体化监测体系、管理涉农基本建设项目、开展农业资源和生产评价等核心目标，对贵州省精准扶贫决策起到支持作用。

四、创新数据资源应用，广泛服务社会民生需求

社会生活离不开科学数据资源的支持与服务，尤其是伴随着物联网与移动终端的普及，科学数据服务不断向社会民众延伸。在自然灾害防护、边检防疫、医疗健康服务保障、农业建设扶持等诸多社会民生服务方面，都有科学数据资源的贡献。

1. 地理专题数据高效保障九寨沟地震应急救援

2017年8月九寨沟地震期间，国家地球系统科学数据共享服务平台开通"四川九寨沟抗震救灾直通车"，处理加工后的灾区数据资源形成相应的专题数据库面向全社会服务，包括基础地理、土地利用/覆被、灾害数据、地震资料、植被数据、生态区划、土壤数据、地形地貌、社会经济、气候资源、人口数据、遥感数据12个专题。强震动数据分中心在震后约3小时向国内多个相关单位应急课题组提供了第一批强震动数据，并及时推送地震基本信息、触发强震动台站及数据、波形图、PGA/PGV和仪器地震烈度分布图等应急产品信息，为抗震救灾工作提供有力的数据支持。

2. 微生物数据助力边检口岸有效防控外来菌种威胁

我国是遭受外来生物入侵最严重的国家之一，每年外来入侵生物在我国造成的直接和间接经济损失高达上千亿元，其中80%以上植物病害源于真菌。微生物主题数据库"植物检疫性菌物数据库"中整合了包括真菌特异性在内的Marker基因序列信息和生

物信息学工具,并对序列进行快速比对分析,有效地支持了我国口岸边检过程中的真菌进出口快速检验工作。2017年,宁波口岸入境检疫部门利用该数据库,从边检产品中截获6种来自日本、意大利、美国、澳大利亚等地的植物病原真菌,皆为我国口岸首次截获的植物病原真菌新物种。

3. 医疗数据资源整合共享,守护农村医疗卫生健康

针对农村贫困人口因病致贫、因病返贫问题,中国农村三级医疗卫生服务网在安徽省阜南县、广西壮族自治区灌阳县、河南省新密市分别开展不同内容的医共体改革试点,充分利用相关数据资源,探索研究分级诊疗与远程医疗模式;在贵州省遵义市和黔东南州锦屏县,协助当地搭建区域人口健康数据平台,有效整合和共享居民人口信息、扶贫数据、电子健康档案、电子病历等资源,实现市、区/县、社区/乡镇和村各级医疗卫生机构信息系统与扶贫系统互联互通、数据共享和有效协同。自2017年实施服务以来,阜南县向县外转诊率下降了10.7%,乡镇卫生院病人确诊入院治疗率增加了24%。

4. 农业数据支持畜牧业节能、种植业提效

新疆地区的牛羊生产需要大量的营养基础数据,包括地方饲料资源的养分数据及营养需要量数据。国家农业科学数据共享服务平台为养殖户,尤其是养殖企业提供技术与数据服务,根据新疆地区的饲料资源数据,开发针对牛羊(包括牦牛)的全混合日粮(TMR)计算软件系统。数据资源、软件系统与相关技术材料的共享,能有效满足相关科研人员对国内外行业科学数据的需求。此外,平台还编制了新疆地区牛羊饲料成分及营养价值表,提高了已有饲料营养基础数据的利用率,每年节省不必要的检测费用

150万元以上，并在相关养殖企业中推广应用饲料配方技术产品15套以上。

2017年，国家农业科学数据共享服务平台为呼伦贝尔综合试验站牙克石示范县实施"粮改饲"轮作模式关键技术研究，提供了苜蓿、燕麦、青贮玉米品种、栽培技术、田间管理及气象条件等数据。通过数据支持，有效核算并权衡种植风险、作物经济收益，推动呼伦贝尔地区农垦集团、种草大户，逐步实现从"苜蓿＋青贮玉米"向"苜蓿＋青贮玉米＋燕麦"的轮作模式转变，并通过大面积示范，给农牧场带来良好生产效益。

5. 多类植物数据面向社会公众，开展科学普及服务

依托国家林业科学数据共享服务平台，微信公众号"林家那些事儿"顺应互联网深入社会生活的大趋势，面向公众提供林业生态建设信息和科普信息服务。公众号以平台提供的森林资源、湿地资源、荒漠化资源、林业生态环境等十大类共168个林业科学数据库为基础，创作关于自然保护区、森林公园、林业有害生物、森林土壤等宣传国家林业生态建设和开展林业科学普及的文章。截至2017年年底，该公众号共推出原创宣传与科普文章172篇，累计24.5余万字，总计5520 GB。目前，公众号推出的科普文章最高阅读量达到16 807人次，合计阅读数40余万人次，拥有2万余名粉丝，在推广林业科学数据使用和开展林业科学普及工作中取得良好的效果。

人工智能植物识别应用"花伴侣"，基于中国植物图像库海量植物分类图片、利用深度学习技术在图像识别领域的成熟实践研发而成，具有识别、分类、记录、共享、推荐等功能。自2016年创建以来，该应用已经可识别中国野生及栽培植物3000余属、

近万种,几乎涵盖所有常见的花草树木。

2017年,国家林业科学数据共享服务平台参与拍摄制作科普宣传片《地理·中国的湖泊》,包括提供全国湖泊的卫星遥感影像图、全国湖泊的水质、水量统计数据与数据产品等,使科普视频用数据"说话",通过数据资源的方式支持科学普及,该科普宣传片在江苏教育频道播出。

五、科学数据服务评价仍显粗放,精细化计量评价体系有待完善

科学数据来源广泛、种类繁多,数据管理与共享情况复杂多样。科学数据所依附的主体——科学数据中心也存在着类似的情况,不同数据中心所属行业类别、层级结构等纷繁多元,在国家科学数据中心、地方科学数据中心、领域科学数据中心、机构科学数据中心等不同管理主体中,数据管理工作侧重不同。面向多源复杂的数据服务提供主体,科学数据的共享服务成效评价难以准确开展,目前的统计量化方法尚显粗放,仍然停留在访问量、下载量等方面。这类粗放的计量方法不能科学有效、完整客观地反映数据的多元价值。因此,仍需不断研究和探索更为精细的、符合数据资源特征的精准精细计量评价方法,持续提升数据服务质量和效果。

所谓精细化计量评价体系建设,需要科学客观地对数据共享服务进行有效监测与评估,能够促进科学数据资源的共享与利用,利于科研资源在空间、时间与组织等方面的合理分配。评价数据服务,需要建立完整、科学的评价指标,界定清楚数据服务的相关维度及各方面的效率、效益等内容。例如,可以结合科技贡献

率相关理论，从科研活动数量增加（从科技项目数量和其他 R&D 项目数量角度衡量），科研活动效率增加（从人均科技产量和人均科技经费角度衡量），科研活动质量提升（从高水平论文、专著比例和获奖科技成果数量角度衡量），长期科研贡献潜力提升（从服务范围、服务总量、综合服务潜力角度衡量）等维度开展科技资源共享服务评价。可以结合科学数据资源的广泛社会影响力，研发多维指标探讨数据的经济价值、社会价值等其他价值维度。

数据服务评价方法的设置将成为数据资源管理效果的风向标，成为数据共享服务深度和广度、特色和关注点潜移默化的指挥棒。为此，提升数据服务的评价机制，需要进行清晰界定及设计合理的评价体系，设置系统的考评方法和有效的实施运行机制及长期、高效的反馈机制。激励机制的设计与实施要考虑激励相容、机制实施效果和效率等方面，尤其要面向未来国家科学数据中心建设，这关乎数据中心的建设质量与可持续发展。只有建立强有力的信任基础和富于吸引力的全方位激励体系，才能使数据资源开放共享进入长期良性生长期。

第四章 我国科学数据资源发展展望

一、推动科学数据政策向纵深发展，奠定可持续发展的基础

面向我国庞大的科学研究体系，推动我国科学数据政策制定与实施向纵深发展和细化。充分考虑科学数据各利益相关群体合理诉求，提高其在政策制定和实施中的参与度，逐步扩大政策覆盖范围，更加关注不同类型数据资源的开放范围、程度和数据安全等一系列围绕数据开放而产生的新问题，提高政策实施可操作性。通过深入研究，进一步明确数据使用、数据隐私保护、数据引用与计量等关键问题，促进共享主体、共享范围的多元化，深化数据管理服务水平。

发展和完善科学数据服务评价和激励机制，包括针对科学数据中心等提供数据开放服务机构的评价，以及对具体数据集服务效果的计量分析。建立完整、科学的数据评价方法，界定清楚数据服务的相关维度及各方面的效率、效益等内容。面向未来国家科学数据中心建设，建立有效的考核评价机制，确保数据中心长期可持续发展。

二、持续提高科学数据质量，形成一批具有国际影响力的数据库

不断提高科学数据的质量，实现数据资源从量变到质变，逐步形成一批具有国际影响力的数据库。同时，加强具有自主知识产权的高质量第一手数据及高水平衍生数据的生产、管理与开放共享，加强国际化交流与推广。对于符合隐私、安全与社会公共利益诉求的科学数据资源，加大开放共享范围，建立广泛的区域及国际合作，加强多样化用户群体的深入应用和交互反馈，不断提升科学数据质量。

三、夯实科学数据基础设施，形成透明的数据服务网络

统筹考虑科学数据基础设施布局、建设规模和互联互通，既能充分利用现有高速数据传输网络、数据存储与容灾网络、高性能与高通量计算能力等，又能充分结合大规模数据产生、汇聚及应用服务的实际场景与需求。研究制定科学数据基础设施互操作技术协议、标准规范和联合服务流程、机制与服务质量要求，实现可在不同数据基础设施之间进行数据的透明访问与协同应用，形成开放和持续演进的数据服务网络，支持在互联网和云环境下泛在的数据访问和应用。面向数据服务网络的脆弱性和复杂性现状，进一步发挥国家在推动数据基础设施建设方面的重大作用，将数据服务网络视为现代科学研究的关键设施，在资金、政策和运营管理模式等方面给予保障。同时，加强与国际科学数据基础

设施及其服务网络的合作，在国家相关政策统一指导下，实现与国际数据服务网络的互联互通、资源交换与服务共享。

四、加强科学数据素养的教育培训，营造数据共享文化氛围

不断提高科技工作者的科学数据素养，对数据共享文化的形成至关重要。科学数据素养既包括对于数据管理关键技术的掌握，也包括面向数据管理生命周期及数据服务过程中科学性的认知、理解与应用活动。加强数据素养的教育培训，主要内容侧重于提升数据管理、开放共享、数据发现与综合应用等能力，通过短期专门培训、学校教育、职业教育和多学科教育等多种方式进行全方位推进。逐步提高数据使用者发现、理解、应用和引用数据等的能力，提升数据开放共享质量和效果，以及提升数据管理与服务水平。

附录一 缩略语

ASIS&T	Association for Information Science and Technology 美国信息科学与技术协会
BEPCII	Beijing Electron Positron Collider 北京正负电子对撞机
BESIII	Beijing Spectrometer 北京谱仪
CERNET	China Education and Research Network 中国教育和科研计算机网
CODATA	The Committee on Data for Science and Technology 国际科技数据委员会
CSTAR	Chinese Small Telescope Array 中国小望远镜阵列
CSTNET	China Science and Technology Network 中国科技网
DBAR	"Digital Belt and Road（DBAR）" Initiative "数字'一带一路'"国际科学计划（简称"数字丝路"国际科学计划）
DCC	Digital Curation Centre 英国数字管护中心
DCI	Data Citation Index 数据引文索引

附录一 缩略语

DMP	Data Management Plan 数据管理计划
DSA	Data Seal of Approval 数据可信印章
DSC	Data Science Community 数据科学社区
EOSC	European Open Science Cloud 欧洲开放科学云
FAIR	Findable Accessible Interoperable Reusable FAIR 原则（复用原则）
FAST	Five-hundred-meter Aperture Spherical radio Telescope 500 米口径球面射电望远镜
GDPR	General Data Protection Regulation《一般数据保护条例》
GWAS	Genome Wide Association Study 全基因组关联分析
ICSU	International Council for Science 国际科学理事会
IPCC	Intergovernmental Panel on Climate Change 联合国政府间气候变化专门委员会
ISO	International Organization for Standardization 国际标准化组织
LAMOST	Large Sky Area Multi-Object Fiber Spectroscopic Telescope 大天区面积多目标光纤光谱天文望远镜（郭守敬望远镜）
MOOC	Massive Online Open Courses 大规模在线开放课程（慕课）
NIH	National Institutes of Health 美国国立卫生研究院
OECD	Organisation for Economic Co-operation and Development 经济合作与发展组织

PGA	Peak Ground Acceleration 峰值加速度
PGV	Peak Ground Velocity 峰值速度
R&D	Research and Development 研究与试验发展
RDA	Research Data Alliance 国际研究数据联盟
SCI	Science Citation Index 科学引文索引
TMR	Total Mixed Rations 全混合日粮
WDCM	World Data Center for Microorganisms 世界微生物数据中心
WMO	World Meteorological Organization 世界气象组织
WDS	World Data System 世界数据系统

附录二 领域科学数据管理与服务案例集

案例1：空间科学卫星数据的全生命周期管理

空间科学数据中心努力打造数据管理与共享服务的社区生态。截至目前，已持续面向空间科学卫星任务统一管理2000多个种类科学数据，数据总量超过200 TB，并提供近20种分析工具和10余类空间天气模式，为科学社区用户提供多元数据共享与技术服务。卫星任务科学数据全生命周期过程域管理模型如附图1所示。

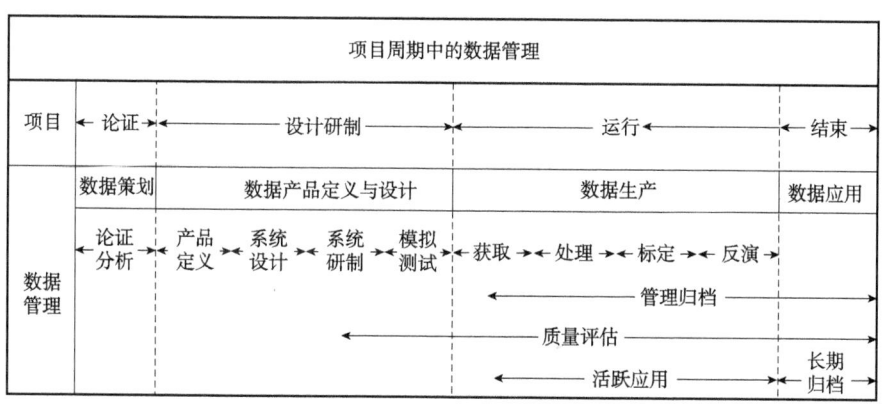

附图1 卫星任务科学数据全生命周期过程域管理模型

在数据处理方面，空间科学数据中心创建多星多任务协同并行的工作流，建设集空间科学卫星原始数据接收（地面站到数据中心)、编辑级数据产品生产与快视、数据产品分发、标定级产品汇集(科学应用团队到数据中心)、数据产品质量审核、数据产品入库与归档、数据存储与灾备、数据共享发布于一体的自动化卫星数据处理与管理系统,实现对卫星原始数据及科学标定/反演数据的汇集、处理、管理、存储及共享,具体数据处理流程如附图2所示。

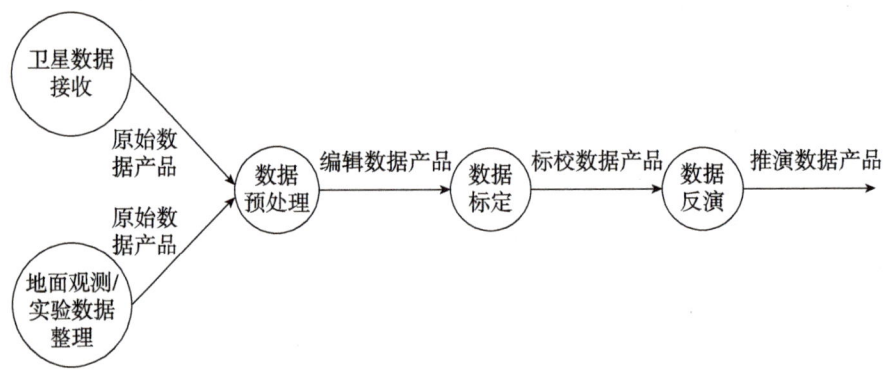

附图 2　空间科学卫星数据处理流程

空间科学数据中心汇集地面站发送的卫星原始数据,生成多类型编辑级科学数据产品、工程数据产品及五大类辅助数据产品。制定并执行相关标准,进行规范性、一致性、完备性及正确性的自动审核和质量专人审核;依据三级存储策略,实现产品、存储与灾备等自动化管理。实时向科学团队分发编辑级科学数据产品、工程数据产品及辅助数据产品。

科学应用团队将标定级、反演级数据产品汇交至空间科学数据中心,经过数据质量审核,入卫星产品库。此外,进一步完善元数据、辅助数据文档、分析软件、标定几何参数等,开展数据档案的制作、存储和管理,为空间科学数据档案发布提供数据基础。

明确设置专有期，在数据专有期内，空间科学数据中心通过数据传输专网及空间科学任务运行网门户（http：//www.smoc.ac.cn）为科学应用团队实时共享。数据专有期满后，利用空间科学数据中心门户（http：//www.cssdc.ac.cn/）面向科学社区开放共享数据，并提供专有工具和存储计算环境。通过微信公众号、APP、数据中心门户网站服务社会。

案例2：LAMOST 天体光谱数据开放共享

国家重大科研基础设施 LAMOST 是世界上光谱获取率最高的望远镜，在大规模光学光谱观测和大视场天文学研究方面，居于国际领先地位。LAMOST 发布的光谱数据库是世界上最大的天体光谱数据库。2017 年年底发布的 LAMOST 第五次释放数据（LAMOST DR5）是目前世界上最大的光谱数据库，包含4154个观测天区的900多万条高质量光谱，是世界上其他巡天项目发布光谱数总和的1.8倍。LAMOST 数据管理与发布系统由中国虚拟天文台设计开发，用户在线检索已超百万次，数据下载逾45 TB。LAMOST DR1 数据发布论文荣获中国科协第三届优秀科技论文，利用 LAMOST 数据已发表论文300余篇，SCI 引用超2600次。在 LAMOST 发布的数据基础上，科研人员通过与相关数据进行融合，得到了更多的天体信息并汇总成增值星表。经过数据搜集、整理，LAMOST 数据发布网站已为30个增值星表提供了公开下载。一批高显示度的亮点成果引起广泛关注：构建了迄今最大的恒星光谱样本库；在恒星演化、银河系化学动力学演化及暗物质分布等研究方向取得重要成果；发现了一批有重要研究价值的特殊天体等。

根据国际惯例，观测数据首先面向国内合作用户开放，18个月后将面向国际公开释放。为拓宽 LAMOST 数据的推广渠道，应法国斯特拉斯堡天文数据中心（CDS）的邀请，多个国际公开释放版本的数据已在 CDS 的 VizieR 星表库上进行了收录推广。VizieR 是天文界最有影响力的天文星表库，大批天文工作者习惯于通过它来寻找自己需要的数据。数据发布系统还实现了国际虚拟天文台联盟制定的锥形检索、光谱检索等数据访问协议。国际用户可以在国际虚拟天文台联盟相关平台上搜索到 LAMOST 服务并访问已公开的数据，也可方便地与其他遵守虚拟天文台协议的软件协同工作，进一步拓宽 LAMOST 数据的传播、使用渠道，实现国产数据的国际化开放共享。不少非 LAMOST 合作者也由此开始研究、使用 LAMOST 数据，发表多篇有影响力的论文。

案例3：青藏高原数据资源服务于救灾与科研

青藏高原是全球环境变化研究的典型和热点区，也是我国"一带一路"倡议的重要区域。青藏高原冰川、积雪、冻土和湖泊变化加剧，地质灾害频发，持续的区域数据监测与服务至关重要。目前，青藏高原集成数据超30 TB，涵盖大气、冰冻圈、水文等领域，已在线服务数据量21 TB、离线数据服务超1.1万次，积累了一批典型应用。

①为灾害评估提供重要的数据和技术支持。2016年7月和9月，西藏阿里地区连续发生2次冰崩，这在近百年来极为罕见，《自然》《科学》杂志及美国、欧洲等均予以报道。通过首次利用国产卫星数据为2次阿里冰崩灾害抢险救灾、冰崩评估研究提供快速准确的数据和技术支持。

②为服务国家需求的环境变化科学评估提供数据。为西藏自治区政府《西藏高原环境变化科学评估》报告的撰写，提供气候、水体、生态系统、陆表环境、人类活动影响和灾害风险6个方面的数据，涵盖温度、降水、冰川、积雪、湖泊等26项指标，可以支持评估过去2000年到未来100年青藏高原环境变化。该数据服务工作得到西藏自治区政府的高度评价。

③为大型科学考察提供数据。2015年为中国科学院青藏高原研究所联合美国、俄罗斯等多国专家开展的古里雅冰川综合考察提供数据支撑，如利用高分影像研究冰川的变化趋势，并分析确定钻探冰芯的潜在地点。为2016年9月的敦德冰川综合考察和冰芯钻取也提供了类似的数据服务。

④为科研项目提供数据。自 2010 年起,为自然科学基金"黑河流域生态—水文过程集成研究重大研究计划"提供黑河流域土地利用、植被、土壤、大气等台站与模型数据集,支撑黑河流域生态—水文—经济集成模型研发,累计支持 SCI 论文发表超 400 篇,形成完整系统、国内同领域领先的流域模型数据集。研究青藏高原对气候变化的响应动态变化监测,凝练 GF-1/2/3 卫星影像冰川长度监测等 4 项关键技术;研制青藏高原冰川长度变化监测产品等 6 种数据产品、技术报告及其验证数据集,为包括《高分卫星影像冰川长度监测关键技术报告》等 40 余篇报告的撰写提供重要数据。

案例4：极地数据服务于重大工程项目，支持科普宣传

依托34次南极考察、8次北冰洋考察和14次黄河站考察获得，涵盖极地海洋学等10余个领域，极地数据资源积累形成具有自主知识产权的观测和实验分析数据超过500 TB。整理历次北冰洋考察走航气象观测、走航冰情观测、浮冰站气象观测、物质平衡观测、大气探空观测、海冰物理观测等观测数据，建立专题数据库，以及海冰密度、海冰厚度和冰型冰龄等遥感数据产品及北极浮冰气象观测系统自动数据传输系统，全力保障北极航道环境调查。收集原始数据2.9 TB，面向24个专题、17个调查类专题的32个承担单位提供数据服务。

极地数据资源的建设支撑并保障了我国极地领域近30年来规模最大极地专项"南北极环境综合考察与评估"开展，为中国极地科学考察重大工程与观测系统建设，如雪龙2号设计、罗斯海新站选址、罗斯海新站码头建设、中山站机场设计和固定翼飞机航行等重大工程项目提供气象、海洋水文、地形等历史数据和实时观测数据共享服务。此外，参与北极气候研究多学科漂移观测计划（MOSAiC）中数据政策的制订，在国际大型计划中体现中国的贡献力量。

通过多种形式，面向社会公众推动极地科普宣传。举办"中国南极长城站一号栋展陈""中国极地考察亚布力越冬训练场南极展""极地科考 安利相随"系列讲座，联合举办"向南！向南！武大人在南极"专题展，参展"砥砺奋进的五年"大型成就展等，出版书籍《穿越北冰洋——中国第五次北极科学考察北冰洋穿越纪实》，参与拍摄电影《南极之恋》等。

案例5：气象科学数据的资源建设与服务

国家气象科学数据共享服务平台自2001年启动以来，累计注册用户23万人，涉及29个社会主要行业，年访问量超过1.2亿人次，年均数据订单量近百万，累积为国内超过2000所高校和科研机构提供数据服务。支持国家科技支撑计划、973计划、863计划和国家自然科学基金等重点科研项目超过1400项，用户应用气象数据发表论文、论著及发布国家标准和行业标准1200余篇（项）。形成了服务数据全生命周期并具有学科领域特色的数据资源建设服务实践。

①数据采集方面。通过国际通信系统、国内通信系统、部际通信系统，每日实时收集大量数据。通过数据整合研发，形成时间序列较长、格式标准统一、质量较好的数据产品。在支撑气象行业发展的同时，满足大量科学研究和公众服务需求。其中，国际资料通过国际通信系统（WIS/GTS）收集，汇集了全球230个国家的9类气象数据；国内气象资料主要通过国内通信系统实时收集涵盖全国31个省、市、自治区的11类气象数据。

②数据质量控制方面。形成气象科学数据共享标准体系，主要包括《气象资料分类与编码》《气象要素分类与编码》《气象数据集核心元数据标准》《数据在线发布管理办法》等。同时开展全流程气象数据质量控制和数据资源评估工作。针对实时资料，建立覆盖全国的台站级、省级、国家级3级自动气象站实时资料质量控制系统，从数据观测源头控制数据质量（附图3）；针对历史数据，组织气象基础资料质量整改，形成数据质量控制技术方案，包括《地面气象资料质量控制方案》《高空气象资料质量控制方案》等。

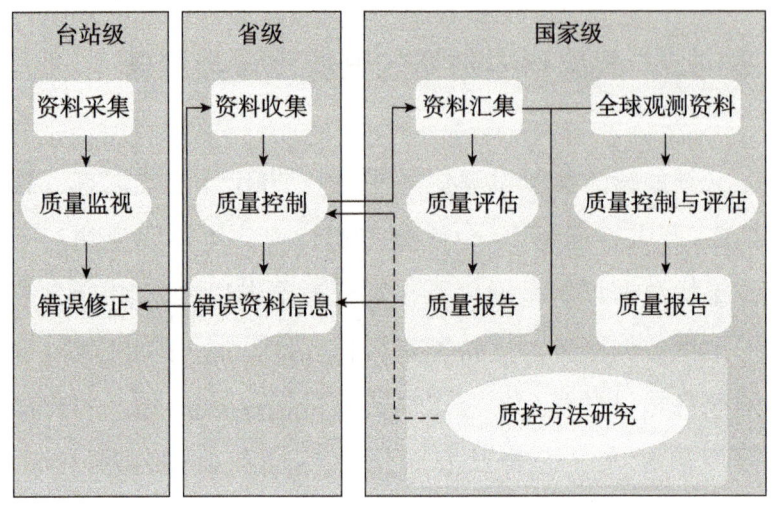

附图 3　台站级、省级、国家级 3 级自动气象站实时质量控制与反馈系统

③数据资源与产品特色方面。依托覆盖全球的 13 170 个地面气候站积累了丰富的数据资源，数据类型涵盖地面、高空、辐射、海洋、农业和生态气象、大气成分、气象灾害、历史气候代用、气象卫星、天气雷达及数值模式产品等。收集管理的地面气象观测数据最早始于 1841 年（北京地磁气象台），至今已有百余年历史，这是时间序列最长的观测数据，其中呼和浩特、长春、营口和香港 4 站被世界气象组织（WMO）授予百年气象站。基于基础数据资源共研制出超 600 个基本覆盖大气科学领域的数据集产品，涵盖了海洋、陆地及高空多圈层的数据产品，数据量达到 137 TB，其中超 50 TB 数据已实现网络在线共享。

目前，平台在线数据总量超过 3 PB，运用混合云架构的气象大数据共享服务和分布式对象存储技术，依托"团队＋制度"的气象数据服务运维保障体系，提供 7×24 小时不间断的系统运行监控及数据服务技术，支持、支撑百万级用户并发访问和 PB 级数据的有效管理，面向全社会提供公益、平等、普惠的气象大数据服务。

附录三　资料性附录

附表 1　数据可信印章（DSA）核心可信存储库评估标准

背景信息
R0 存储库背景介绍 －存储库类型/面向社区（用户群体）/数据管护深度/合作方（利益相关者） －其他相关信息
组织架构
Ⅰ. 职能/范围 Mission/Scope R1 提供所在领域数据存取服务的明确任务
Ⅱ. 许可 License R2 存储库提供涵盖数据存取使用的全部可用许可并予以监督执行
Ⅲ. 持续可访问 Continuity of access R3 存储库拥有长期计划确保其数据资产长期可访问
Ⅳ. 保密/伦理 Confidentiality/Ethics R4 存储库确保在可能范围内，数据得以在领域及其伦理道德规范下合理地创建、管护、获取和使用
Ⅴ. 组织架构 Organizational infrastructure R5 存储库具有充足的资金和充裕、恰当的人员力量，并通过清晰的组织体系有效履行使命

续表

Ⅵ. 专家指导 Expert guidance	
R6 存储库具有长续机制来保障（内部机制或外部机制，如相关科学指导等）来保障其接受专家指导和反馈	
电子对象管理	
Ⅶ. 数据完整性与真实性（Data integrity and authenticity）	
R7 存储库应确保数据的完整性和真实性	
Ⅷ. 评估 Appraisal	
R8 存储库根据定义的标准接收数据和元数据，以确保提供用户数据的相关性和可理解性	
Ⅸ. 文档存储流程 Documented storage procedures	
R9 存储库应用特定的文档处理流程来管理数据归档工作	
Ⅹ. 保存计划 Preservation plan	
R10 存储库具有长期保存职责，并依托规划和归档的方式切实履行	
Ⅺ. 数据质量 Data quality	
R11 存储库具有恰当的专长来控制技术数据和元数据质量并确保终端用户相关质量评价工作具有充足的信息可用	
Ⅻ. 工作流 Workflows	
R12 存储归档工作参照定义的工作流执行（从数据收集到数据传播全流程）	
ⅩⅢ. 数据发现和识别 Data discovery and identification	
R13. 存储库确保用户能够发现数据并以恰当的引用持久访问	
ⅩⅣ. 数据重用 Data reuse	
R14 存储库确保数据的持续可用，确保提供恰当的元数据来支持理解和使用数据	

续表

技术
XV. 技术框架 Technical infrastructure R15 存储库基于强有力的操作系统和其他核心架构软件并综合使用软硬件技术，来向特定社区用户提供恰当的服务
XVI. 安全 Security R16 存储库的技术框架提供面向数据及其基础设施、产品、服务与用户的安全保护措施

附表 2　OECD 可持续研究数据存储库商业模式建设的建议

建议 1	所有相关利益者应认可数据存储库作为开放科学必不可少的核心组成之一
建议 2	所有科学数据存储库都应具备清晰表述的商业模式
建议 3	政策制定者、资金资助机构及其他相关利益者应该考量数据存储库获取经费的方式，以及不同情形下多元商业模式的优势和劣势
建议 4	科学数据存储库的商业模式需与相关政策法规和激励措施（如资助资金）协调一致
建议 5	为保障财务可持续性，应广泛探索优化成本的可能，以在长期内有效管理数字资产

后 记

自 2015 年国家科技基础条件平台中心策划撰写《国家科学数据资源发展报告》以来，该报告得到了国内诸多科研单位和科研人员的关注与支持。截至目前，《国家科学数据资源发展报告(2016)》和《国家科学数据资源发展报告 (2017)》已相继出版，获得了一大批从事科学数据工作及相关领域科技人员的认可和肯定。为持续跟踪我国科学数据资源发展状况，多维度反映我国科学数据共享服务情况，我们继续组织撰写了《国家科学数据资源发展报告 (2018)》。

在本报告的撰写过程中，我们广泛联络各相关科研院所和高等院校，通过多种途径收集、统计和整理我国科学数据资源的发展状况和共享服务情况，力求全面反映年度内科学数据领域的新特征、新趋势、新发展和新成效。但是，我们也深知仍然有一些科学数据资源情况并没有全部反映在本报告中，我们将在今后不断完善。

本报告的撰写工作得到了各领域科学数据类国家科技资源共享服务平台的大力支持与帮助，特别是杨雅萍、周伟、胡良霖、王健、纪平、张强、赵国峰、姜晓轶、何洪林、吴俊升、陶毅等多位平台专家，以及纪珍、崔辰州、吴林寰、陈方、刘佳等多位老师提供案例素材，在此向他们表示由衷的感谢！